Kreatives und künstlerisches Gestalten in Freizeit und Beruf –
dafür steht der Name CHRISTOPHORUS seit mehr als 30 Jahren.
Jedes CHRISTOPHORUS-BUCH ist mit viel Sorgfalt erarbeitet:
Damit Sie Spaß und Erfolg beim Gestalten haben –
und Freude an unverwechselbaren Ergebnissen.

# Wir basteln mit Naturmaterial

## Die schönsten Ideen für kleine Hände

Angelika Kickbusch, Ursula Ritter,
Martha Steinmeyer

CHRISTOPHORUS

# Inhalt

# Kreativer Bastelspaß

Kinder spielen gerne zu jeder Jahreszeit draußen in der Natur. Dabei macht es ihnen viel Spaß, Äste, Blätter, Blütenstände, Nüsse, Kastanien, Zapfen und Beeren zu sammeln. Ganz stolz bringen sie ihre Fundstücke mit nach Hause und bewahren sie in Kartons oder Stofftaschen sorgsam auf. Zum Basteln eignen sich diese Schätze der Natur sehr gut. Naturmaterialien sind schlicht, in Form und Farbe jedoch sehr verschieden. Sie regen deshalb die Fantasie und Kreativität der Kinder besonders an. In Verbindung mit geeigneten Bastelmaterialien wie Papier, Filz und Wolle entstehen daraus schnell fantasievolle Figuren und Tiere, Fensterschmuck, Musikinstrumente oder Verzierungen für Postkarten und Stifte.

In diesem Buch finden Sie Ideen für das ganze Jahr. Aus kleinen Ästen entstehen liebe Figuren, aus Baumscheiben Wald- und Wiesenhexen und Lampionfrüchte werden zu zauberhaften Gartenelfen. Igel aus Blättern und liebe Kerlchen aus Nüssen schmücken das Fenster. Aus Orangenschalen und Stöckchen entstehen kleine Boote, die sogar auf dem Wasser schwimmen. Maiskolben verwandeln sich in lustige Zwerge, Kastanien in Stachelungeheuer. Und Igel und Spinnen aus Kürbissen verschönern Balkon und Garten.

Wahrscheinlich wird Ihr gesammletes Naturmaterial etwas anders aussehen als das im Buch verwendete Material. Betrachten Sie deshalb bitte die gezeigten Modelle als Anregung und bieten Sie Ihren Kindern die Möglichkeit, die gezeigten Vorschläge abzuändern und eigene Ideen zu entwickeln. Auf diese Weise kommen die Kinder oft zu sehr originellen Ergebnissen!

Sollten nicht alle hier verwendeten Naturmaterialien in Ihrer Umgebung vorhanden sein, sind sie für einen relativ geringen Preis teilweise auch im Hobbyfachhandel erhältlich.

Viel Spaß beim Sammeln und Basteln wünschen Ihnen und Ihren Kindern ganz herzlich

Ihre Autorinnen

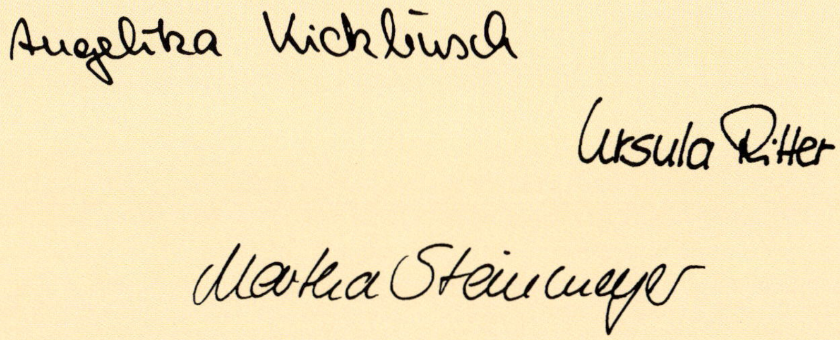

# Material & Technik

## Naturmaterial sammeln und aufbewahren

- Naturmaterial bitte immer umweltverträglich sammeln, denn nur ein verantwortungsbewusster Umgang mit der Natur sichert den Sammel- und Bastelspaß in den folgenden Jahren. Keine Zweige von Sträuchern und Bäumen reißen, das ergibt Wunden. Die Pflanzen können krank werden und absterben. Nach Zweigen auf dem Boden schauen oder Zweige von gefällten Bäumen verwenden. Die meisten Früchte fallen von allein ab, auch hier wieder den Boden absuchen und nichts abreißen, sondern höchstens mit der Schere abschneiden. Unter Naturschutz stehende Pflanzen sind tabu.

- Zum Sammeln und Aufbewahren am besten Stofftaschen oder Kartons verwenden. In Plastiktüten faulen und schimmeln die meist noch feuchten Naturmaterialien leicht.

- Das gesammelte Material sortieren und auf Zeitungspapier ausbreiten, beispielsweise in großen Schuhkartons. Die Teile dürfen nicht aufeinander liegen, sonst schimmeln sie. Das Material nie direkt an der Heizung oder neben dem Ofen trocknen, es wird schnell spröde.

- Zum Pressen die Blätter einzeln zwischen Zeitungspapier legen, in ein Buch einlegen und mit weiteren Büchern beschweren. Blätter auch ungepresst trocknen lassen: Sie wölben sich, sehen dadurch interessant aus und eignen sich für viele Sträußchen und Gestecke.

- Auch diese Erfahrung gehört dazu: Nicht alle Naturmaterialien eignen sich zum Basteln, manche werden beim Trocknen unansehnlich oder zerfallen.

## Vorlagen übertragen

- Die Vorlagenzeichnung mit Kohlepapier direkt auf das entsprechende Papier übertragen. Da das Naturmaterial immer eine unterschiedliche Größe hat, die Vorlage eventuell entsprechend anpassen, zum Beispiel mit dem Fotokopierer vergrößern oder verkleinern.

- Wenn Motive mehrfach benötigt werden, eine Schablone anfertigen. Hierfür das Motiv auf Transparentpapier (Butterbrotpapier oder Architektenpapier) übertragen. Mit Klebestift flächig auf dünne Pappe kleben und ausschneiden. Die Schablone auf das Werkmaterial legen und die Umrisse mit Bleistift nachfahren.

## Kleben

- Hierfür eignen sich, je nach Material, UHU Bastelkleber (ohne Lösungsmittel), oder UHU Alleskleber. Für schwierige Teile ist die Klebepistole LT 110 von UHU zu empfehlen. Sie arbeitet mit

niedrigerer Temperatur als die üblichen Heißklebepistolen und kann auch von Kindern unter Aufsicht gut bedient werden. Die Arbeit mit der Klebepistole erspart das Warten, bis der Klebstoff trocknet, denn die verklebten Teile halten sofort zusammen. Dafür müssen die Teile schnell zusammengefügt werden, sonst ist der Klebstoff hart.

- Den Klebstoff sparsam verwenden. Vor dem Kleben immer die Anordnung der einzelnen Teile ausprobieren, zum Beispiel lassen sich Zapfen an den Schuppen ineinander stecken.

- Zum Fixieren flacher Teile eignen sich Wäscheklammern. Plastische Figuren auf die Arbeitsfläche setzen und Knetmasse unterlegen, bis der Klebstoff getrocknet ist.

## Hilfsmittel

Diese Hilfsmittel werden immer wieder benötigt und sind deshalb bei den Einzelbeschreibungen nicht mehr aufgeführt: Bleistift, wasserfester Filzstift in Schwarz, Schere, Klebstoff, Kohlepapier, Transparentpapier (Butterbrot- oder Architektenpapier), dünne Pappe, Lineal, Falzbein.

# Kleiner Naturführer

| | | | |
|---|---|---|---|
| 1 | Fruchthülle der Edelkastanie (Garten-, Park- und Waldbaum) | 12 | Fichtenzapfen (Waldbaum) |
| 2 | Samen der Rosskastanie (Wald-, Straßen-, Park- und Gartenbaum) | 13 | Schwarzkiefernzapfen (Bergwald-, Garten- und Parkbaum) |
| 3 | Stein des Walnussbaums (ohne Hülle abgebildet; Gartenbaum) | 14 | Bergkiefernzapfen (Bergwald-, Garten- und Parkbaum) |
| 4 | Frucht der Platane (Straßen- und Parkbaum) | 15 | Lärchenzapfen (in Höhenlagen bis zur Baumgrenze) |
| 5 | Fruchtzäpfchen und Blütenkätzchen der Schwarzerle | 16 | Zapfen der Zypresse (Garten- und Friedhofsbaum) |
| 6 | Kapselfrüchte des Blauglockenbaums (Gartenbaum) | 17 | Stachelborstige Fruchthülle der Buche (enthält „Bucheckern“) |
| 7 | Früchte der Linde (Wald-, Park- und Straßenbaum) | 18 | Maisstroh |
| 8 | Mohnkapsel | 19 | Weidenröschen (auf Rodungsflächen im Wald) |
| 9 | Früchte der Waldrebe mit zottigen Anhängen | 20 | Hagebutte |
| 10 | Kürbis- und Melonensamen | 21 | Fruchthülle des Haselnussstrauches (enthält die Haselnüsse) |
| 11 | Douglasienzapfen (Garten- und Forstbaum) | 22 | Lampionfrucht (Gartenpflanze) |

| | |
|---|---|
| 23 | Getrocknete Kelchblätter von Malven |
| 24 | Getrocknete Blumen, Kräuter und Gräser (Garten, Wiese) |
| 25 | Bergahorn (Straßen-, Garten-, Park-, Waldbaum), Ahornfrüchte |
| 26 | Kapsel der Nigella (Jungfer im Grün, Gartenpflanze) |
| 27 | Spitzahorn (Garten-, Straßen-, Park- und Waldbaum) |
| 28 | Purpur-Fächerahorn (Gartenbaum) |
| 29 | Silberahorn (Garten-, Park- und Straßenbaum) |
| 30 | Eiche (Wald- und Parkbaum) |
| 31 | Sommerlinde (Garten-, Park- und Alleebaum) |
| 32 | Kirsche (Gartenbaum) |
| 33 | Essigbaum (Gartenbaum) |
| 34 | Ginkgo (Straßen-, Garten- und Parkbaum) |

# Fensterschmuck

# Waldhexen

## Material

- Astscheiben, ca. 6,5 cm Ø, 8,5 cm Ø
- Faden zum Aufhängen
- Schlehen
- Wacholder
- Erbsen
- Bohnen
- Mais
- Kleine Zäpfchen
- Orangenschale
- Gräser
- Maisstroh
- Holzbohrer, 4 mm Ø

1 Mit dem Holzbohrer ein Loch durch die Astscheibe bohren und einen Aufhängefaden daran anbringen. Wacholderbeeren, Schlehen oder Erbsen als Augen fixieren.

2 Kleine Zäpfchen, Erbsen oder ganz kleine Ästchen bilden die Nasen. Zugeschnittene Orangenschalen, gebogene Ästchen, Beeren oder getrocknete Blätter als Münder aufkleben. Maisstroh, Moos und Gräser eignen sich gut als wildes Hexenhaar.

## Kürbis und Gespenster

*Abbildung & Materialangaben Seite 16/17*

1 Kürbis, Gespenster und Fledermaus nach den Vorlagen 1 – 4 aus Papier schneiden. Die Gespenster ausarbeiten: Klebepunkte als Augen aufkleben und mit Filzstift einen Mund zeichnen. Bei der Fledermaus Wackelaugen aufkleben, Nase und Mund mit einem weißen Stift aufmalen.

2 Die Motive aus Papier und die Herbstblätter der Abbildung entsprechend zusammenfügen.

# Kürbis und Gespenster

## Material

- Herbstblätter, gepresst
- Moonrockpapier in Orange, Grün
- Tonkarton in Weiß, Schwarz
- Klebepunkte in Schwarz, 8 mm Ø
- Buntstift in Weiß
- Filzstift in Schwarz
- Nylonfaden oder festes Nähgarn zum Aufhängen

**Vorlagen** 1 – 4
**Seiten** 70/71

Anleitung Seite 14

# Kleine Kerlchen

## Material

- Haselnüsse
- Moos
- Lampionfrucht
- Kiefernzäpfchen
- Federn
- Kleine, gerade Zweige
- Kleine Hagebutten, ersatzweise Knetmasse in Rot
- Blütenstände der Waldrebe
- Kleine Blättchen
- Faden zum Aufhängen
- Dünner Draht
- Lackstifte in Weiß, Rot, Schwarz

1 Mit den Lackstiften Augen und Mund jeweils auf den hellen Fleck der Haselnussköpfe malen. Jeweils einen Aufhängefaden um die Köpfe binden und mit ein wenig Klebstoff fixieren.

2 Die Köpfe auf eine Lampionfrucht oder einen Kiefernzapfen als Körper kleben. Oder ein wenig Moos zusammenknüllen, mit dünnem Draht zur Kugel wickeln und als Körper verwenden.

3 Als Arme zwischen Kopf und Körper ein kleines, gerades Zweiglein einkleben. Als Hände kleine Hagebutten auf die Zweigenden stecken, ersatzweise rote Knetkugeln anbringen.

4 Zur Befestigung der Federflügel mit spitzer Schere zwei seitliche Schnitte in der Lampionfrucht anbringen. Die Federchen mit dem Kiel in einen Tropfen Klebstoff tauchen und in die Schlitze schieben.

5 Ganz wenig Moos, Blütenstände oder winzige Blättchen als Haare oder Halsschmuck an den Kerlchen fixieren.

# Fliegen-pilze

## Material

- Pünktchen-Wellpappe in Rot-Weiß
- Briefkarten in Weiß
- Tonpapier in Ocker, Rot, Braun, Dunkelgrün
- Pompons in Rot, 10 mm Ø
- Wackelaugen, 8 mm Ø
- Getrocknetes Naturmaterial, z. B. Fruchthüllen der Buche, Ahornfrüchte
- Filzstift in Schwarz

**Vorlagen** 5 – 10
**Seiten** 72/73

Anleitung Seite 22

# Nusskerlchen

## Material

- Walnüsse
- Kleine, dünne Zweige
- Blätter und Blättchen
- Tannennadeln
- Gräser
- Moos
- Kleiner Tannenzweig, kreuzförmig
- Zackenlitze oder Geschenkband, 0,5 cm breit
- Bastrest
- Filzstifte in Rot, Schwarz

1 Die Walnüsse vorsichtig in vollständige Nusshälften teilen. Die Hälften aushöhlen. Auf eine Nussschale mit den Filzstiften ein Gesicht malen.

2 Die Nusskerlchen mit einem Aufhängefaden aus Bast versehen. Dazu vom Bast 24 cm abschneiden, den Abschnitt zur Hälfte legen und einen Knoten anbringen. Die Nusshälften wieder zusammenkleben, dabei den Bastknoten am oberen Ende der Nuss zwischen die Hälften legen. Am unteren Ende der Nuss den Stiel eines Blattes oder Tannenzweigleins einkleben.

3 Dünne Zweige als Arme von hinten gegen das Blatt kleben. Zackenlitze oder Geschenkband um den Hals binden. Tannennadeln, Gräser, Moos oder winzige Blättchen als Haare fixieren.

## Fliegenpilze

*Abbildung & Materialangaben Seite 20/21*

Den Pilzhut jeweils zweifach auf die glatten Rückseite der Pünktchen-Wellpappe zeichnen und ausschneiden. Pilzstängel und Arme aus Briefkartenkarton oder Tonpapier anfertigen. Die beiden Teile des Pilzhutes deckungsgleich zusammenkleben und dabei den Stängel einlegen. Die Arme ankleben und dann die Gesichter ausarbeiten. Blätter aus Tonpapier schneiden. Pilze auf ein großes Blatt kleben, mit kleineren Blättern und Naturmaterial ausschmücken.

# Blätter-Igel

## Material

- Fotokarton in Beige, Rot, Grün, Dunkelgrün, Schwarz
- Gepresste Blätter
- Pompon in Schwarz, 10 mm Ø
- Wackelaugen, 12 mm Ø

**Vorlagen** 11 – 15
**Seiten** 74/75

1. Den Körper des Igels aus beigefarbenem, die Füße aus schwarzem und die Wiese aus dunkelgrünem Fotokarton ausschneiden.

2. Beide Körperteile zusammenkleben und dabei unten die Füße mit einlegen. Nase und Augen aufkleben.

3. Die gepressten Blätter überlappend auf der Körperform anordnen, am Gesicht halbrund zuschneiden und dann aufkleben.

4. Arme anbringen und den Apfel dazwischenkleben. Den fertigen Igel auf der Wiese fixieren und die Wiese mit weiteren farbigen Herbstblättern dekorieren.

# Kleine Mäuse

## Material

- Getrocknete Blätter, klein und groß
- Weißdornbeeren
- Lavendelähren
- Grasähren
- Buchszweig
- Ahorn-Flügelfrüchte
- Getreidehalme mit Ähren und Rispen
- Holz-Strohhalme
- Holzperlen in Rot, 10 mm Ø
- Holzoliven in Rot und Gelb, 12/18 mm oder 10/15 mm
- Bast in Natur, Orange/Rot
- Bouillondraht, 0,3 mm Ø

1 Die Mäuse beidseitig ausgestalten. Größere Blätter bilden den Körper. Kleine Blätter als Ohren, Beeren als Nase und Auge ankleben. Gras- und Lavendelähren als Schwanz verwenden.

2 Aus mehrfach gelegtem Bast Schleifen binden und unten an der Maus festkleben. Die Mäuse am Bastband ankleben.

3 Für die rechte Kette Getreidehalme kürzen, zur Befestigung mit Draht umwickeln. Holzperlen und Strohhalmstücke auffädeln und der Abbildung entsprechend zusammenfügen.

## Fensterketten

*Abbildung & Materialangaben Seite 28/29*

1 Ginkgoblätter oder Lampionfrüchte und Eichelbecher mit Messingdraht aneinander reihen.

2 Die Fensterketten an einem beliebig langen Rundstab befestigen. Den Stab mit Nylonfäden aufhängen.

# Fenster-
# ketten

## Material

- Ginkgoblätter
- Lampionfrüchte
- Becher von Eicheln
- Messingdraht, 0,3 mm Ø
- Rundstab
- Nylonfaden

Anleitung Seite 26

# Schreiben & Spielen

# Blätterkarten

## Material

- Tonkarton, DIN A5
- Getrocknete Blätter
- Filzstift in Schwarz

1. Tonkarton in der Mitte falzen – am besten mit dem Falzbein am Lineal entlangfahren – und dann zur Karte falten.

2. Blätter zu einem Motiv anordnen und probeweise auf der Vorderseite der Karte platzieren.

3. Die Rückseite der Blätter ganzflächig mit einem Klebestift bestreichen und aufkleben.

4. Kleine Tonkartonkreise als Augen aufkleben. Mit dem Filzstift Ergänzungen malen.

### Tipp

Bei Einladungs- und Grußkarten darauf achten, dass das Motiv am Kartenrand nicht übersteht.

Anna
Jan

# Stiftstecker

## Material

- Kastanien
- Holunderbeeren
- Lampionfrucht
- Gras
- Moos
- Blättchen
- Blütenrispen
- Schafwollrest
- Bast in Grün
- Buntstifte
- Filzstifte in Rot, Schwarz
- Holzbohrer, 4 – 8 mm Ø

1 In die Kastanien jeweils ein Loch bohren. Dabei am besten mit einem kleinen Bohrer beginnen. Stufenweise mit größeren Bohrern nachbohren, bis die Öffnung weit genug ist, um einen Buntstift aufzunehmen. Den Stift mit Klebstoff fixieren.

2 Augen und Mund mit Filzstiften auf den hellen Fleck der Kastanie malen. Eine Beere als Nase aufkleben.

3 Die Kastanien-Kerlchen weiter ausschmücken: Haare und Bärte aus Schafwolle, Moos oder Grasrispen ankleben.

4 Mützen aus einer Lampionfrucht oder Kastanienschale arbeiten oder ein Blättchen und Gräser ankleben.

### Tipp

Sehr schön sieht auch ein Halstuch aus Schilfgras oder Bast aus, das um den Hals eines Kastanien-Kerlchens gewunden wird.

# Plappervögel

## Material

- Fotokarton oder Tonpapier, unifarben
- Tonpapierrest in Rot
- Wäscheklammern
- Als Haare: Federn, Wolle, Webpelz- oder Fellrest
- Als Augen: Mohndeckel oder Eichelhütchen und Watte- bzw. Styroporkugeln

**Vorlage** 16
**Seite** 76

1 Nach der Vorlage 16 zwei Halbkreise aus Fotokarton schneiden und entsprechend falzen. Die Falzkanten nach innen biegen und übereinanderkleben.

2 Eine Wäscheklammer an den vorderen, inneren Spitzen mit Klebstoff versehen und hinten zusammengedrückt halten. Die beiden Karton-Halbschalen an den geklebten Flächen aufeinanderlegen und von außen zusammenhalten. Die Wäscheklammer in die Öffnungen stecken und beide Teile zusammenfügen. Gut antrocknen lassen. Drückt man nun auf die Wäscheklammer, öffnen und schließen sich die beiden Kartonteile wie ein Schnabel.

3 Das Gesicht nach der Abbildung ausgestalten. Eine rote Papierzunge frei zuschneiden und einkleben.

### Tipp

Wird der Schnabel in größerem Format hergestellt, passen die Finger hinein und die Wäscheklammer entfällt: Die Figur kann als Handpuppe benutzt werden.

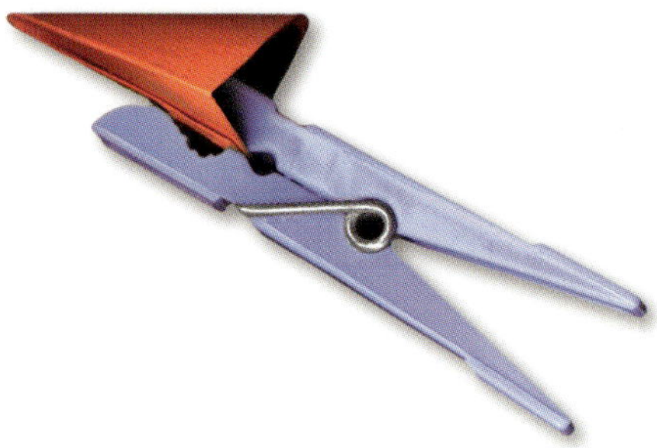

# Nussrasseln

## Material

### Linke Rassel

- Stabiles Ästchen mit Gabelung
- Walnüsse
- Reis oder kleine Steinchen
- Kleine Metallglöckchen, 1 cm Ø
- Geschenkband in Rot, 3 mm breit
- Steckdraht
- Filzstifte in Rot, Blau, Grün
- Drahtzange

### Rechte Rassel

- Astabschnitt, ca. 16 cm lang, 3 cm Ø
- Walnüsse
- Geschenkbänder in fünf Farben, je 1 cm breit, 17 cm lang
- Filzrest in Rot
- Nagel, 2,5 cm
- Zackenschere
- Hammer

## Linke Rassel

1 Drei Walnüsse in vollständige Nusshälften teilen und aushöhlen. Mit Filzstiften bunte Punkte auf die halben Nussschalen malen.

2 Den Steckdraht quer über die Gabelung spannen und an beiden Enden umwickeln und verdrehen. Jeweils eine Nusshälfte mit Reis oder kleinen Steinchen füllen, die andere Hälfte so dagegen kleben, dass der Draht zwischen den Nussschalen liegt.

3 Zwischen den Nüssen mit einem Geschenkband zwei kleine Glöckchen anbringen.

## Rechte Rassel

1 Fünf Nüsse sauber halbieren und aushöhlen. An ein Ende jedes Geschenkbandes einen Knoten knüpfen. Die fünf Nüsse wieder zusammenkleben, dabei in jede Nuss einen Knoten mit einkleben.

2 Den Astabschnitt auf roten Filz stellen, mit Filzstift umfahren und die runde Form mit der Zackenschere ausschneiden. Die Geschenkbänder oben auf den Astabschnitt legen. Den Filzkreis obenauf legen und alles zusammen mit einem Nagel fixieren.

# Kleine Tiere & Figuren

# Bunte Schnecken

## Material

- Leere Schneckenhäuser
- Ästchen mit Gabelung
- Moos
- Knetmasse in Braun oder Schwarz
- Filzstifte in verschiedenen Farben

1 Die leeren Schneckenhäuser bis zum Überquellen mit brauner oder schwarzer Knetmasse füllen.

2 Ästchen suchen, die sich als Schneckenkörper eignen. Sie sollen eine Gabelung aufweisen, die die Hörner der Schnecke bilden.

3 Das Ästchen jeweils in die aus dem Schneckenhaus quellende Knetmasse drücken. Die sichtbare Knetmasse mit Moos bekleben.

4 Ein Schneckenhaus, das fast keine eigene Zeichnung aufweist, mit Filzstiften bunt bemalen.

# Entenküken

## Material

- Platanenkugeln
- Buchecker
- Fotokarton in Gelb
- Bürolocher
- Filzstift in Schwarz

**Vorlagen** 17, 18
**Seite** 76

1 Nach der Vorlage 17 die Füße aus gelbem Fotokarton anfertigen.

2 Eine etwas größere Platanenkugel als Körper auf die Füße kleben.

3 Den Stiel einer etwas kleineren Platanenkugel auf 2 mm kürzen, damit er den Schnabel stützen kann. Diese Kugel als Kopf etwas schräg versetzt auf den Körper kleben.

4 Die Bucheckerschale in einzelne Teile zerbrechen und als Flügel links und rechts ansetzen.

5 Für den Schnabel ein kleines Dreieck aus gelbem Fotokarton schneiden (Vorlage 18), der Länge nach falzen und knicken. Den Schnabel mit wenig Klebstoff auf dem Stängelrest am Kopf befestigen.

6 Zwei gelbe Locherpunkte als Augen ankleben. Mit schwarzem Filzstift Pupillen aufmalen.

# Erdnussbabys

## Material

- Dickwandige Orange
- Erdnüsse
- Längliches Blatt
- Moos
- Filzreste in Pastellfarben
- Wollrest in Gelb, Schwarz
- Stickgarn in Pastellfarben
- Steckdraht
- Straßenkreide
- Filzstifte in Rot, Schwarz
- Teesieb

## Körbchen

1 Orange in zwei Hälften schneiden und auspressen. Das restliche Fruchtfleisch mit allen Faserresten mit einem Kaffeelöffel aus der Schale entfernen. Die Schale auf einem Teesieb trocknen lassen.

2 Schwarzen Steckdraht, 14 cm lang, über einem Glas rund formen, die Drahtenden durch die noch nicht getrocknete Schale stecken und zu kleinen Spiralen formen. Oder nach dem Trocknen der Schale ein längliches Blatt am Körbchen fixieren. Die Körbchen mit Moos weich auspolstern.

## Erdnussbabys

1 Von pastellfarbener Kreide mit der Schere Farbpartikel abschaben, mit der Fingerkuppe aufnehmen und die Erdnuss damit bestreichen. Filzreste in kleine Rechtecke schneiden, etwa 2,5 x 6 cm. Das Rechteck über die Kopfrundung legen, hinten zur Mütze schließen und mit Klebstoff fixieren. Stickgarn um den Hals binden, vorne eine Schleife binden.

2 Von der Wolle nur 1 cm abschneiden, den Faden aufdröseln und als Babyhaare unter das Mützchen kleben. Mit Filzstift Augen und Mund aufmalen.

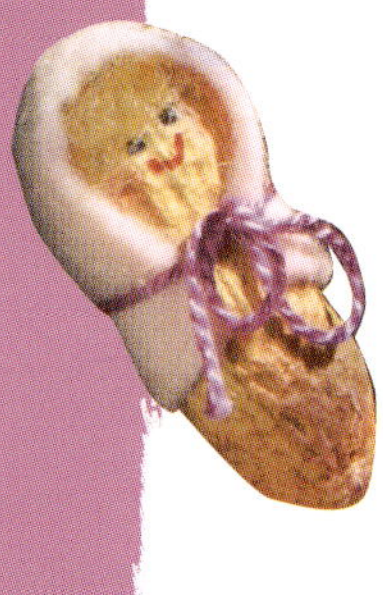

# Schäfer auf der Weide

## Material

### Weide
- Holzscheibe, 15 – 20 cm Ø
- Nägel, 4 cm
- Gräser
- Halme
- Straßenkreide in Grün
- Schwämmchen
- Hammer

### Schäfer
- Astabschnitt, 7 cm lang, 3 cm Ø
- Moos
- Beere
- Knetmasse in Orange
- Filzrest in Grün
- Schwarz

### Schafe
- Schafwolle
- Filzrest in Weiß
- Faden in Weiß

## Weide

Von der Kreide mit der Schere Farbpartikel abschaben, mit einem Schwämmchen aufnehmen und auf der Holzscheibe verreiben. Am äußeren Rand der Scheibe Nägel einschlagen. Mit Gräsern und Halmen einen Zaun flechten.

## Schäfer

Ganz wenig Knetmasse erst zur Kugel formen, dann als Gesicht an dem Astabschnitt flach drücken. Eine Beere oder ein Zweigstückchen als Nase eindrücken. Augen und Mund mit Filzstiften aufmalen. Aus grünem Filz einen Kreis, 8 cm Durchmesser, schneiden. 1 cm vom Kreisrand entfernt entlangnähen. Anfang- und Endfaden leicht zusammenziehen und zur Schleife binden. Den Hut auf den Astabschnitt kleben. Rund um das Knetgesicht Moos als Bart ankleben.

## Schafe

Die Schafwolle zu einer Rolle aufwickeln. Den Kopf mit Bindfaden abbinden. Mit der Schere Kopf und Hinterteil in rundliche Form schneiden. Zwei kleine u-förmige Ohren aus weißem Filz schneiden und seitlich an den Kopf kleben.

# Maiszwerge

## Material

- Ziermaiskölbchen, ca. 8 bis 11 cm lang
- Filz in Rot, Blau
- Wackelaugen, 10 bis 12 mm Ø
- Pompons in Weiß, Rot, 15 mm Ø
- Feder in Weiß
- Bastrest in Rot

**Vorlage** 19
**Seiten** 76/77

1 Die Vorlage der Mütze dem vorhandenen Maiskolben anpassen und die Form aus rotem oder blauem Filz ausschneiden.

2 Den Filz zur Tüte formen und die Ränder überlappend zusammenkleben. Die Mütze auf den Maiskolben stecken und festkleben. Mit einem weißen Pompon oder einer Feder verzieren.

3 Wackelaugen und einen Pompon als Nase ankleben.

4 Als Arme jeweils zwei Maisblätter mit Schleifen oder mit einem Knoten versehen. Die Augen und ein roter Mund können auch aus Filz zugeschnitten werden.

# Kleine Schiffchen

## Material

- Orange oder Pampelmuse
- Haselnuss
- Blatt
- Stöckchen
- Stöckchen mit Gabelung
- Knetmasse
- Biegeplüschreste
- Filzstifte in Rot, Schwarz
- Fruchtpresse
- Teesieb

1 Pampelmuse oder Orange halbieren und die Fruchthälften auspressen. Das verbliebene Fruchtfleisch mit allen Faserresten mit einem Kaffeelöffel entfernen. Die Pampelmusen- oder Orangenschale über ein Teesieb stülpen und trocknen lassen.

2 Ein wenig Knetmasse in die Fruchtschale geben und fest andrücken. Ein Stöckchen als Segelmast in der Knetmasse fixieren. Ein Blatt als Segel am Stöckchen ankleben oder feststecken.

3 Die Stöckchen bilden den Körper der kleinen Seemänner, die Gabelungen bilden die Arme oder Beine. Biegeplüschreste als Schal oder als Arme um den Hals kleben.

4 Mit den Filzstiften Augen und Mund auf den hellen Fleck der Haselnuss malen. Die Nuss auf den Biegeplüsch kleben und das Männchen mithilfe der Knetmasse ins Boot setzen.

# Stachelungeheuer

## Material

- Kastanien
- Fruchthülle der Esskastanie
- Kleine Herbstblätter, gepresst
- Ein langes, schmales Blatt, gepresst, z. B. vom Essigbaum
- Weißdornfrucht
- Wickeldraht, 0,65 mm Ø
- 10 mm Ø
- Gartenhandschuhe (gibt es auch für Kinder)
- Klebepistole
- Vorstecher
- Kastanienbohrer

1 Kastanien mit Vorstecher und Bohrer durchbohren. Kastanien und Blätter abwechselnd auf Draht aufreihen, am Schwanzende mehrere Blätter aufziehen. Die Drahtenden zu Schlingen legen.

2 Eine Fruchthülle der Esskastanie mit der Klebepistole auf die erste Kastanie kleben (Handschuhe anziehen).

3 Wackelaugen fixieren. Blätter als Ohren und eine Weißdornfrucht als Nase aufkleben. In die Öffnung des Kastanienigels ein Essigbaumblatt als Zunge einkleben.

# Zwerge im Wald

## Material

- Astabschnitte, etwa 5 cm hoch, 3 cm Ø
- Kiefernzapfen
- Wacholderbeere
- Hagebutte
- Erbse
- Kleine Zapfen
- Moos
- Schafwolle oder Maisstroh
- Filz in Rot, Grün
- Tonpapier in Gelb
- Filzstifte in Rot, Schwarz
- Untertasse

1. Aus gelbem Tonkarton u-förmige Gesichter frei ausschneiden. Mit Filzstiften Augen und Mund aufmalen.

2. Die Gesichter mit Klebstoff auf den Astabschnitten fixieren.

3. Eine Wacholderbeere oder Erbse als Nase ankleben. Bärte aus Schafwolle, Moos oder Maisstroh befestigen.

4. Mithilfe einer Untertasse einen Halbkreis auf Filz zeichnen und ausschneiden. Den Halbkreis zur spitzen Mütze formen, den Mützenrand eventuell umschlagen und auf dem Astabschnitt festkleben.

5. Am Mützenzipfel eine Hagebutte oder ein Zäpfchen der Schwarzerle anbringen. Die Mütze nach unten biegen und seitlich fixieren. Moos als Haare unter die Mütze kleben.

# Balkon & Garten

# Vogelfee

## Material

- Rotbackiger Apfel
- Dünne Zweige
- Moos
- Gestrüpp
- Beeren
- Meisenring
- Bastrest
- Steckdraht

1 Den Steckdraht zur Hälfte legen und den Meisenring einhängen. Den Draht über dem Ring kreuzen, die dünnen Zweige als Arme einlegen und den Draht über den Armen gut verdrehen.

2 Die zwei Drahtenden zusammenführen und durch den Apfel stecken. Oben Moos als Haare auf den Draht stecken. Bast zur Schleife binden und am Draht fixieren. Etwas Gestrüpp als Schal um den Hals winden.

3 Ein kurzes Zweigstück als Nase in den Apfel stecken. Für die Augen zwei sehr kleine Zweigstückchen abbrechen, in den Apfel stecken, Beeren oder Schlehen als Augen aufsetzen. Vogelfee am Steckdraht an einen Baum hängen.

## Tipp

Damit kein Klebstoff in den Magen eines Vogels gelangen kann, beim Herstellen der Vogelfee keinen Klebstoff verwenden.

# Kürbis-Igel

## Material

- 1 großer, länglicher Kürbis in Orange
- 1 kleiner Zierkürbis
- Kleine, abgebrochene Zweige
- Zahnstocher
- 2 kleine Kastanien
- Apfelkernstecher

1 Den Kürbis aushöhlen, dabei den Deckelausschnitt unten anbringen, damit der „Igelrücken" nicht beschädigt wird. Kerne und Fäden entfernen und das Fruchtfleisch abschaben, bis die Kürbiswand 2 bis 2,5 cm dick ist.

2 Mithilfe eines Apfelkernstechers viele Öffnungen im Bereich des Stachelkleides stanzen.

3 Zwischen die Öffnungen kleine Zweige als Stacheln in die Kürbisschale stecken. Den kleinen Zierkürbis mit Zahnstochern als Schnäuzchen feststecken. Die Kastanien als Augen einsetzen.

### Tipp

Es sieht besonders nett aus, wenn neben dem großen Igel kleine, birnenförmige Zierkürbisse als Igelkinder sitzen.

# Bienen

## Material

- Douglasienzapfen
- Eichelhütchen mit Stiel
- Fotokartonreste in verschiedenen Farben
- Aufhängefaden
- Bürolocher

**Vorlage** 20
**Seite** 77

Anleitung Seite 66

# Kürbistiere

## Material

- Biegeplüsch in Schwarz
- Zierkürbisse
- Gepresste Blätter, z. B. von Kirschlorbeer
- Wackelaugen, 12 mm Ø
- Wasserfester Filzstift in Rot
- Wollrest in Schwarz

1 Wackelaugen auf die Kürbisse kleben und den Mund mit Filzstift aufmalen.

2 Für die Beine der Insekten jeweils drei 25 cm lange Biegeplüschstränge in Form biegen und in der Mitte mit einem Wollfaden zusammenbinden. Für Spinnen vier Stränge verwenden. Mit der Klebepistole unter die Kürbisse kleben.

## Bienen

*Abbildung & Materialangaben Seite 64/65*

1 Das Eichelhütchen auf die stumpfe Seite des Zapfens kleben. Den Stiel des Eichelhütchens etwas kürzen, damit er wie ein kleiner Saugrüssel wirkt.

2 Nach der Vorlage 20 aus dem Kartonrest zwei Flügel schneiden und seitlich, mit etwas Klebstoff versehen, links und rechts zwischen die Zapfenschuppen schieben.

3 Locherpunkte aus gleichfarbigem Karton als Augen auf den Kopf kleben. Die Augen mit Filzstift einzeichnen.

4 Einen Faden zum Aufhängen befestigen.

### Tipp

Für ein Mobile mehrere verschiedenfarbige Bienen an einen Zweig hängen.

# Spinnen-Kürbis

## Material

- 1 Kürbis in Orange
- 1 kleiner Zierkürbis
- Wolle in Schwarz
- Biegeplüsch in Schwarz
- Stecknadeln mit Glasköpfen
- Knetmasse in Gelb
- Zahnstocher
- Strohnadeln

**1** Drei oder vier Ausschnitte aus der Kürbisschale schneiden und den Kürbis aushöhlen. Etwa zehn bis zwölf Zahnstocher rund um jede Öffnung stecken. Mit schwarzer Wolle ein Spinnennetz zwischen den Zahnstochern ziehen. Den Wollfaden mithilfe einer Nähnadel spiralförmig durch die überkreuzten Fäden führen. Zum Einsetzen des Teelichtes auf der Rückseite des Kürbisses eine Öffnung lassen.

**2** Den Biegeplüsch in acht 15 cm lange Abschnitte schneiden und als Spinnenbeine in den kleinen Zierkürbis stecken. Die Beine nach Spinnenart verbiegen. Aus zwei gelben Knetkügelchen die Augen formen und mit Stecknadeln mit schwarzem Glaskopf am Kürbis feststecken. Die Spinne auf den Kürbis setzen und mit Strohnadeln befestigen.

# Vorlagen

1

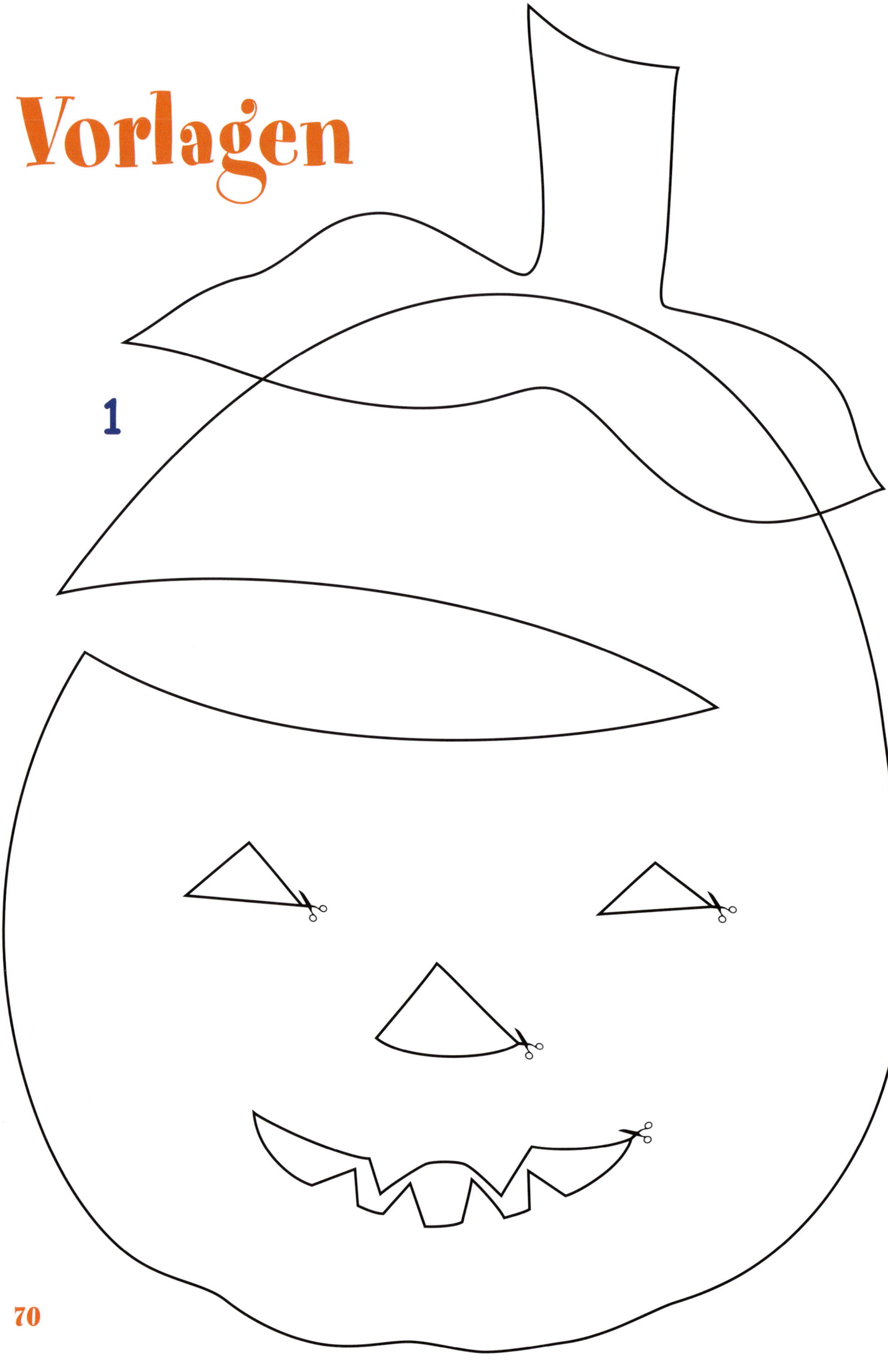

2

3

4

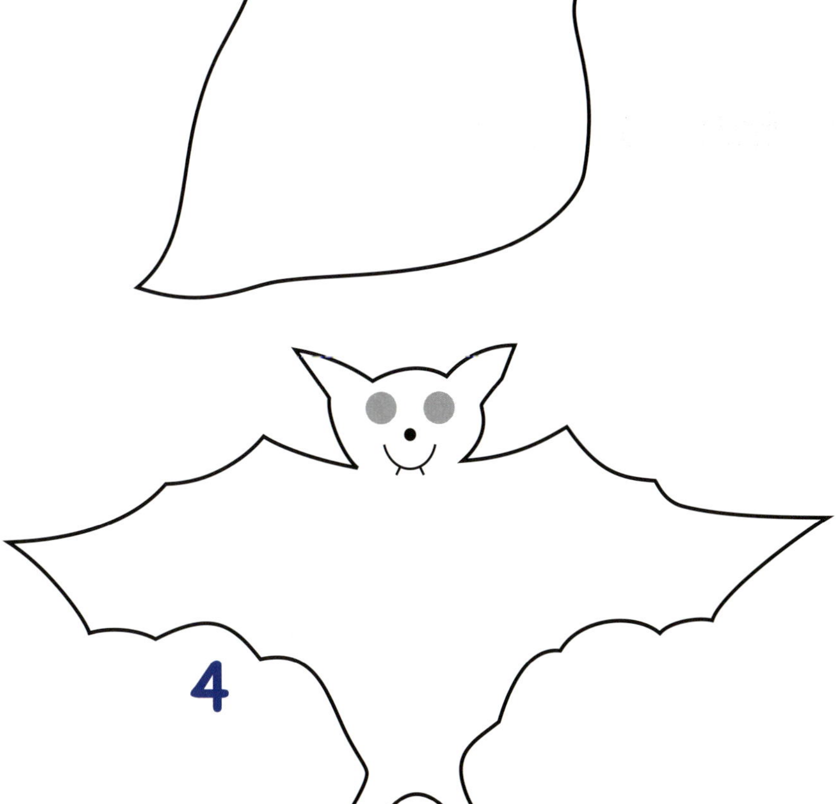

5

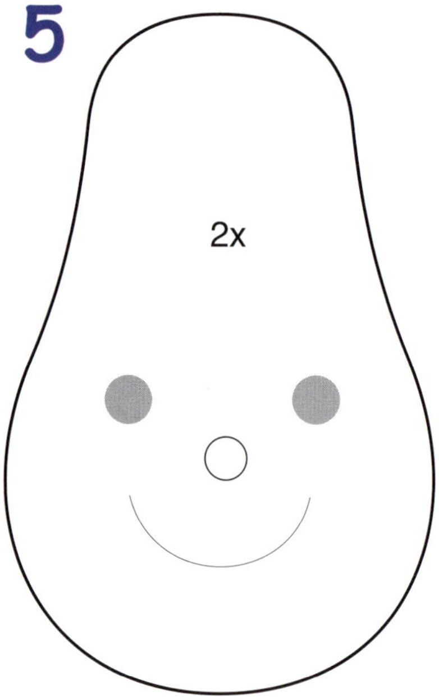


6

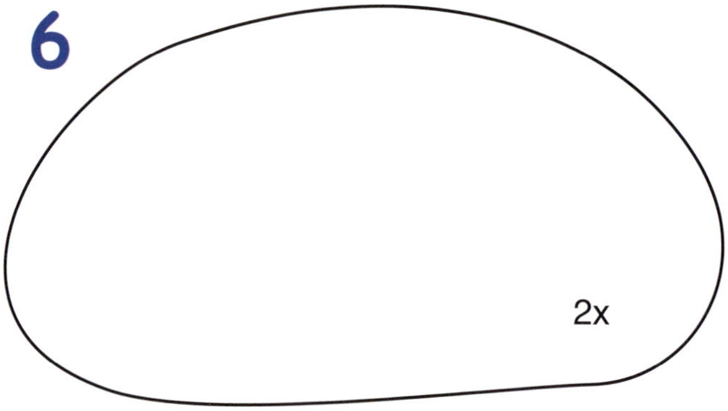


7

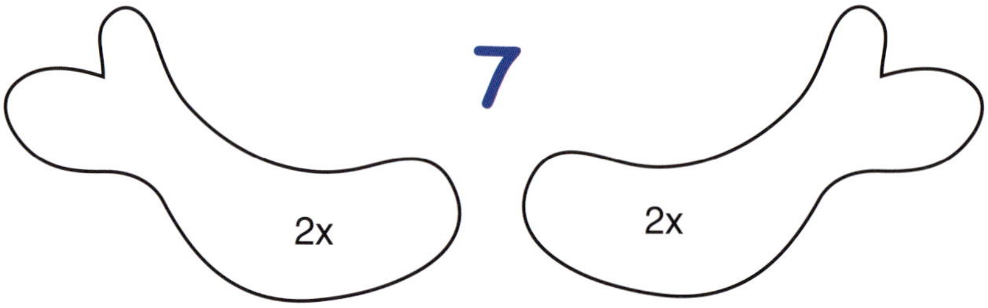


8

9

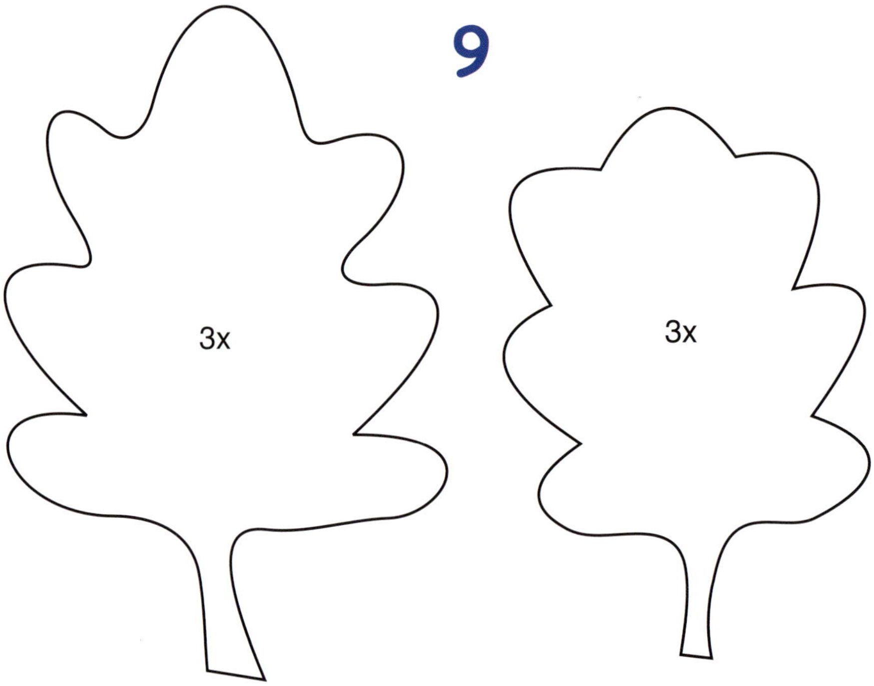

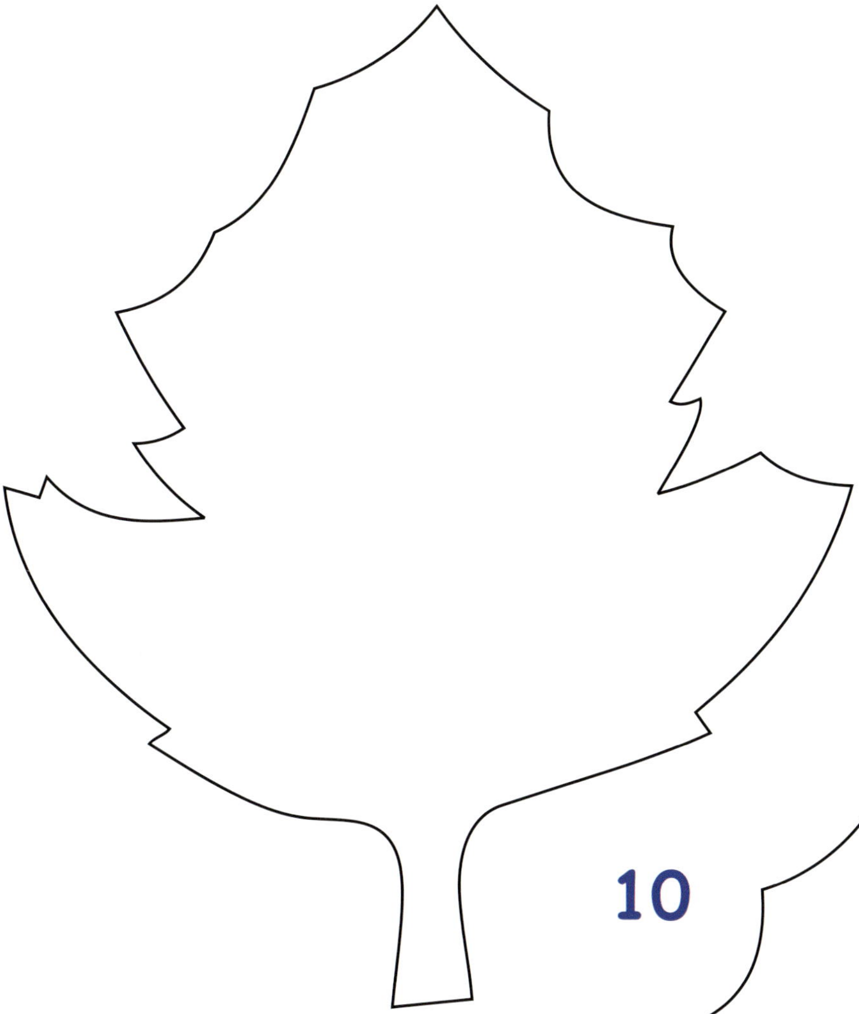

10

11

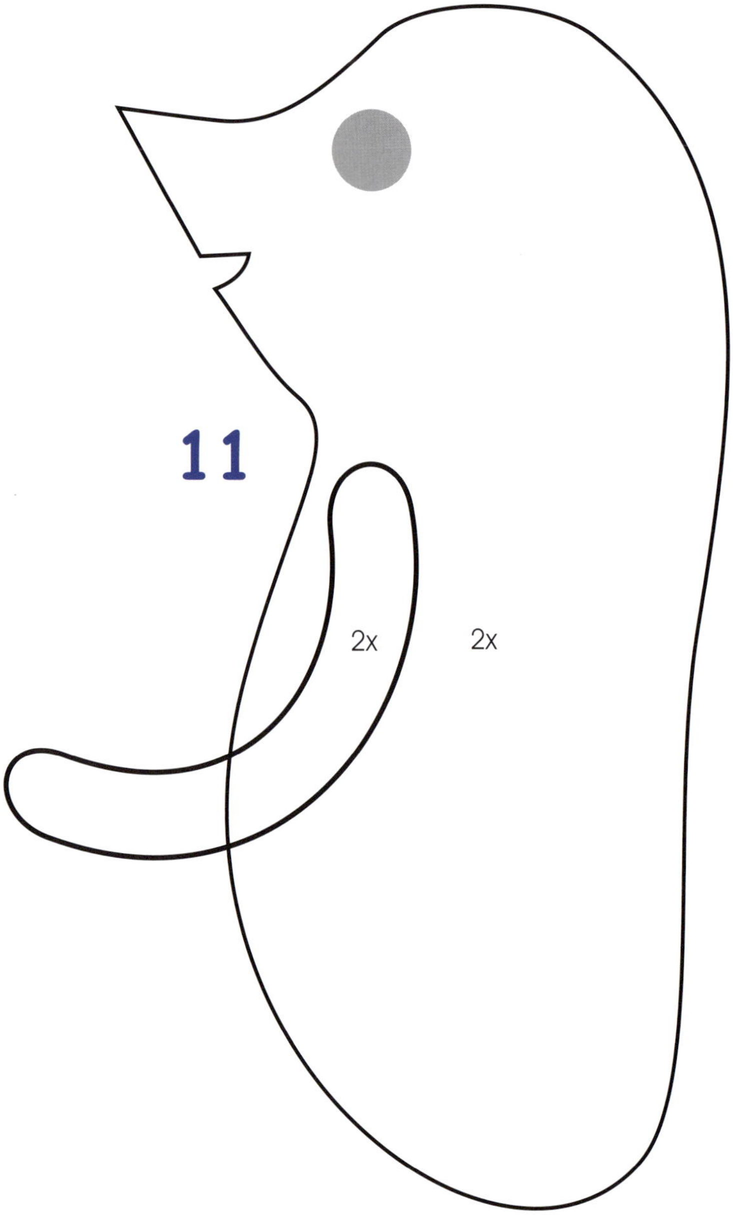


12

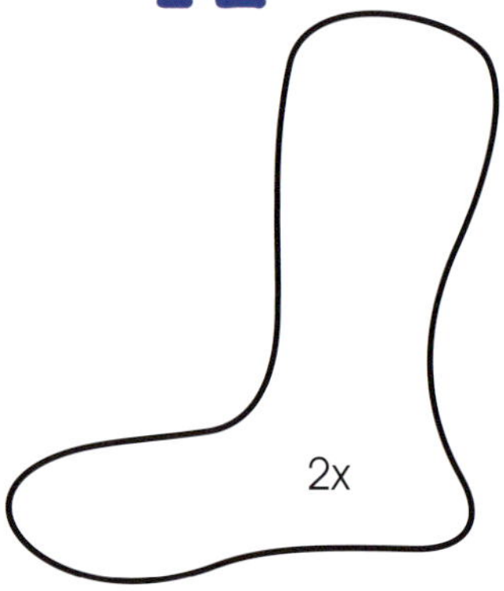


13

14

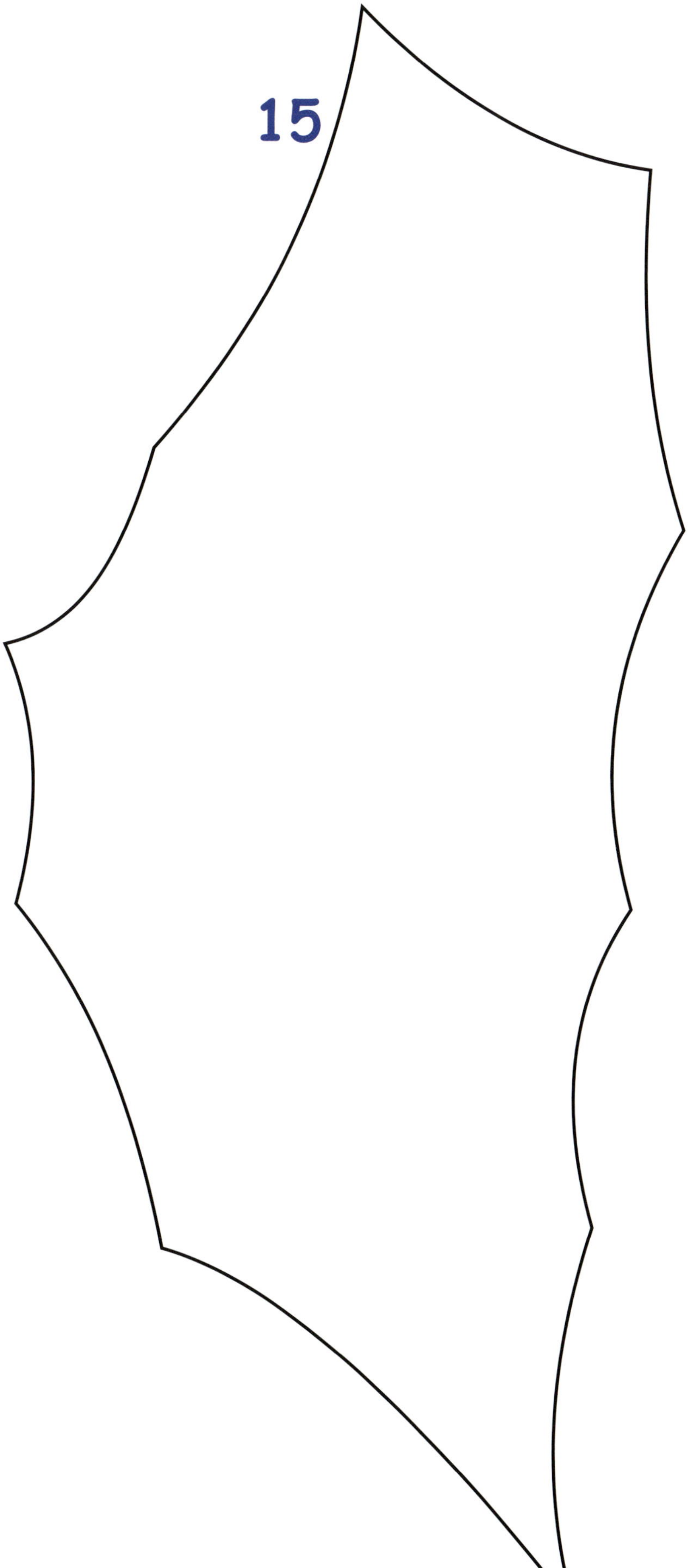
15

16

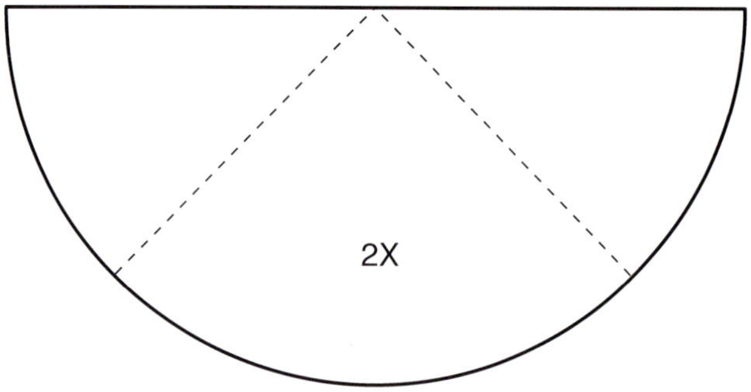


17

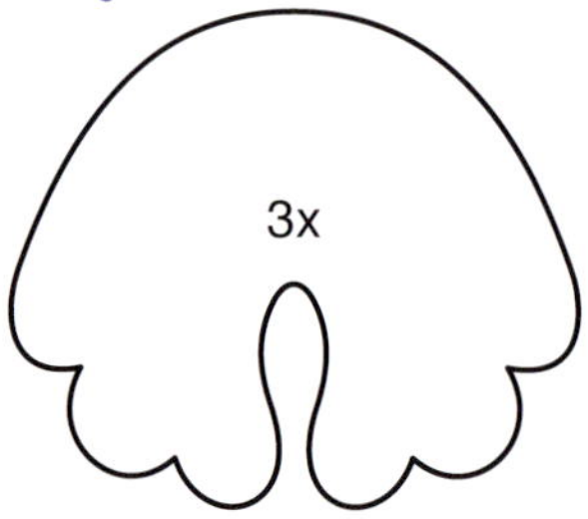


18

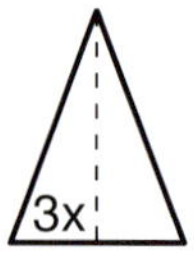


19

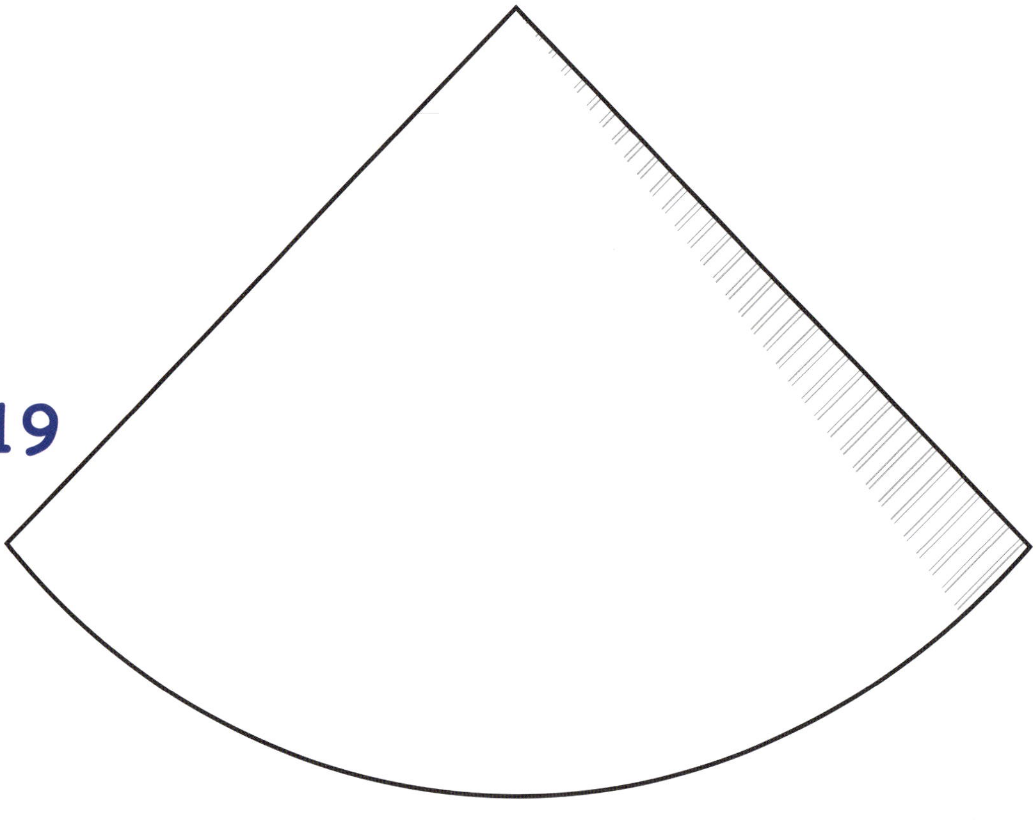

19

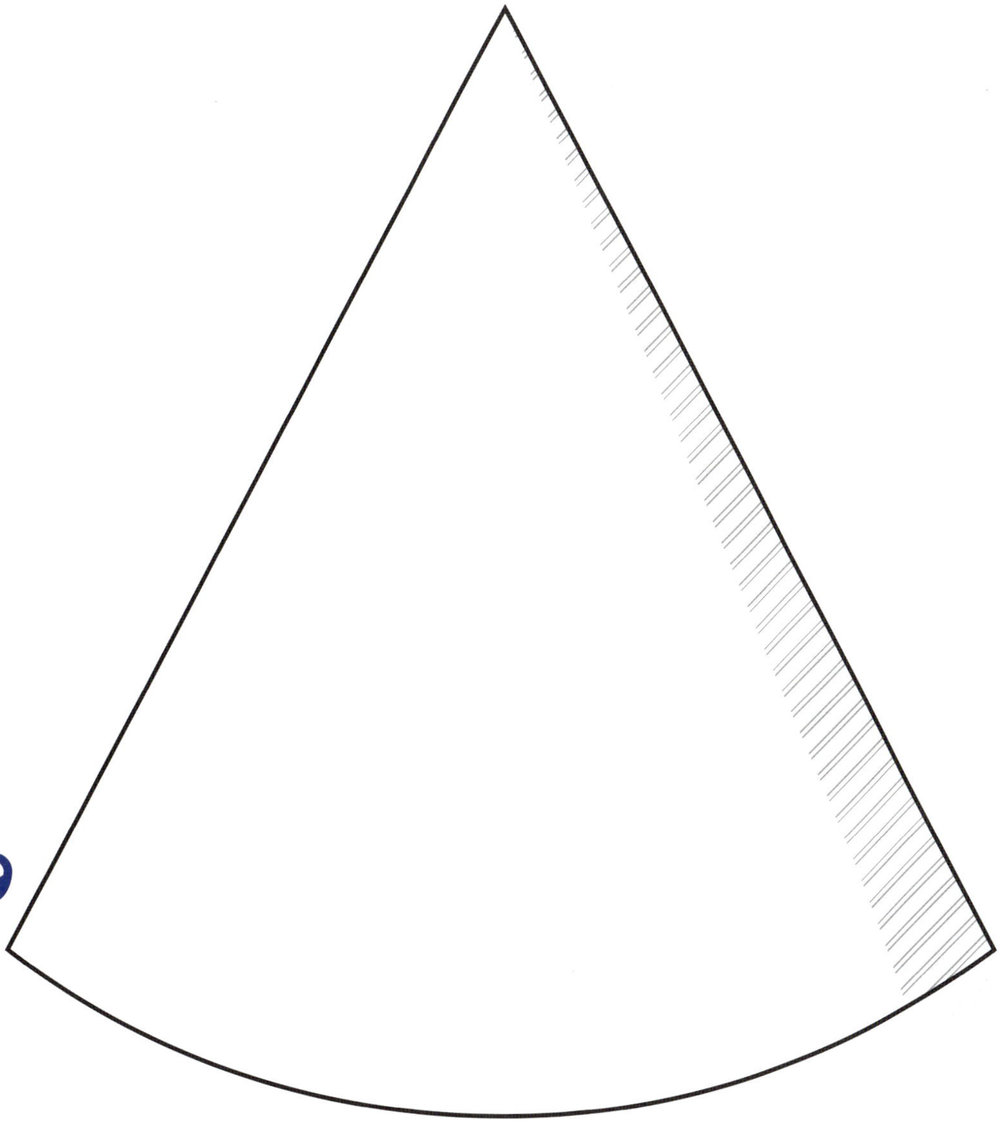

20

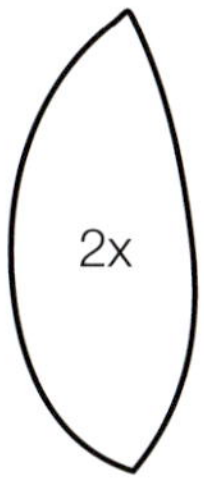

## Impressum


**Autorinnen:**
Angelika Kickbusch, Seiten 32/33, 36/37, 44/45, 64/65

Ursual Ritter, Seiten 16/17, 20/21, 24/25, 28/29, 50/51, 54/55,

Martha Steinmeyer, Seiten 14/15, 18/19, 22/23, 26/27, 34/35, 38/39, 42/43, 46 – 49, 52/53, 56/57, 60 – 63, 66 – 69

**Abbildungen:**
Dietmar Erb, Seiten 62/63, 68/69

Christoph Schmotz, Titelfoto, Seiten 11, 14 – 29, 32 – 39, 42 – 56, 60/61, 64 – 67

Heidi Velten, Seite 13

Ursula Markus, Seiten 31, 41

Ulrich Niehoff, Seite 59

**Illustrationen:** Pia Eisenbarth, Ulla Häusler




Freiburg im Breisgau 2005
www.christophorus-verlag.de




Printed in Germany
ISBN 3-419-53276-8

**Redaktion:** Gisa Windhüfel, Freiburg

**Layoutentwurf:** Network!, München

**Produktion & Gestaltung:** art und weise, Freiburg

**Druck:** Himmer, Augsburg 2005